AF224805

LE RÉVEIL

DE

LA FRANCE

Exsurge, Domine, et dissipentur inimici.

(Paroles de l'Écriture sainte.)

Lève-toi, peuple souverain,
et tes ennemis disparaîtront.

PAR F. PERRON

———

Prix : 25 centimes

———

PARIS

AMYOT, ÉDITEUR

8, RUE DE LA PAIX, 8

LE
RÉVEIL DE LA FRANCE

Exsurge Domine, et dissipentur inimici.
(Paroles de l'Écriture sainte.)
Lève-toi, peuple souverain, et tes ennemis disparaîtront.

CHAPITRE I.

Les principes de 89.

La situation que nous a faite la révolution du 4 septembre n'est plus tenable; la France veut en sortir à tout prix. Comme au 18 brumaire et au 2 décembre, elle est lassé du régime de bavardage et d'intrigue qui la paralyse et la ruine. A défaut d'un bras puissant qui l'en débarrasse, elle saura bien le renverser elle-même.

En se déclarant *révisable*, la constitution ré

publicaine lui en a heureusement donné le moyen légal ; elle s'empressera d'en user.

Les prochaines élections générales lui apparaissent comme le terme de sa délivrance. Tous les partis le savent, et chacun d'eux s'apprête à les faire tourner à son profit.

Dans cette lutte décisive, quel parti remportera la victoire ? Évidemment celui auquel le suffrage universel la donnera ; or, à qui la donnera-t-il, si ce n'est à celui qui a jeté dans le cœur de la nation les plus profondes racines, qui répond le mieux à ses besoins, à ses intérêts, à ses vœux ?

Un simple coup d'œil sur la France, telle que l'ont faite la révolution de 89 et l'Empire, va nous l'indiquer.

*
* *

89 vit s'accomplir, dans l'ordre civil, politique et social, une révolution non moins profonde que celle du christianisme dans l'ordre religieux, et toutes deux sont basées sur le même principe : l'ÉGALITÉ absolue des hommes.

Le christianisme les avait proclamés égaux devant Dieu, enfants du même père et ne devant former qu'une seule famille de frères ; la révolution de 89 les proclama égaux en droits et en devoirs dans leurs rapports entre eux et avec l'Etat.

La LIBERTÉ découle nécessairement de l'égalité. Puisque tous les hommes sont égaux, qui aurait le droit d'en opprimer un autre ? Voilà pourquoi le christianisme a proclamé *la liberté des enfants de Dieu,* comme la révolution de 89 a décrété *la liberté des citoyens.*

A ces deux grands principes le christianisme, qui règne sur les âmes, a joint le précepte de la CHARITÉ, digne couronnement de son œuvre. La révolution, qui n'a aucun empire sur les cœurs, a vainement décrété la *charité* sous un autre nom. Sa *fraternité* ne s'est encore manifestée que par la guerre civile et l'extermination des partis les uns par les autres.

*
* *

Tous les principes de 89 sont compris dans la fameuse *Déclaration des droits de l'homme.* Ces principes ont reçu leur première application dans la nuit du 4 août, qui a dé-

truit tous les priviléges. En renonçant solen-
nellement à ceux qu'ils possédaient, le clergé
et la noblesse ont eu un instant de popula-
rité incomparable.

A ce moment la révolution était finie; un
monde nouveau était créé. Pour lui donner la
vie et lui assurer l'avenir, il suffisait de l'organiser, en le dotant d'institutions et de lois
conformes à son principe fondamental, et en
le plaçant sous la tutelle d'un pouvoir assez
fort pour soutenir ses premiers pas, pour le défendre contre ses ennemis du dedans et du
dehors.

Pendant dix ans nos assemblées ont tra-
vaillé à cette double tâche, et quelques-uns de
leurs décrets font encore partie intégrante de
notre législation. Mais, faute d'esprit pratique
et de vues d'ensemble, ces assemblées n'ont
laissé que des matériaux épars qui attendaient
la main d'un plus habile architecte pour être
coordonnés dans le magnifique édifice de nos
codes.

Ce fut, surtout, dans leurs nombreux essais
de constitutions que se trahit leur inexpé-
rience; pas une ne put tenir debout. La *Constituante*, qui aurait dû comprendre que, plus

elle démocratisait la nouvelle société, plus elle devait donner de force au pouvoir chargé de la protéger, ne s'occupa que de l'affaiblir en lui retirant, une à une, ses prérogatives essentielles.

Cette faute capitale faillit perdre toutes les conquêtes de la révolution.

***

Car, malgré l'enthousiasme qu'elle avait excité et le dévouement absolu des masses, la révolution avait à lutter contre de nombreux et puissants ennemis.

Sans parler des passions démagogiques qui la poussaient chaque jour à de nouveaux excès, les membres du clergé et de la noblesse ne s'étaient point tous associés aux sacrifices que les représentants de ces deux ordres avaient faits de leurs priviléges.

Les principes de 89 comptaient aussi des adversaires jusque dans l'entourage du Roi, jusque dans sa famille ; ils en avaient surtout d'implacables et de terribles dans les aristocraties et les monarchies étrangères.

Tous ces ennemis s'étaient ligués pour étouffer la révolution dans son berceau.

Comment leur tenir tête sans un pouvoir d'une autorité irrésistible? La révolution le créa, plus tard, sous le nom de : *Comité de salut public;* mais que pouvait le malheureux Louis XVI, réduit comme il l'était à l'état de roi soliveau? La tempête devait l'emporter, et si la Convention le fit périr, c'est que la Constituante l'avait livré, sans défense, à ses bourreaux.

*
* *

Faute d'un gouvernement énergique et stable, la France se vit alors condamnée à passer par toutes les alternatives de la tyrannie et de la licence, de la victoire et de la défaite; subissant le scandale des plus honteuses corruptions et donnant au monde l'exemple des plus héroïques vertus; luttant contre l'Europe entière en même temps qu'elle déchirait ses entrailles et buvait le sang de ses enfants; ne sortant, enfin, des plus affreuses convulsions que pour tomber dans le plus profond abattement.

Ce régime, dont la république du 4 septembre nous a donné la hideuse répétition, avait réduit la France au désespoir.

*
* *

Elle appelait de toute part une main ferme pour la tirer de l'abîme : *De profundis clamabat;* mais, moins heureuse qu'aujourd'hui, elle ignorait alors et l'homme et les institutions qui pouvaient lui apporter le salut.

Elle rêvait d'un soldat qui, nourri des principes de la révolution, réunirait, au prestige de la victoire et à l'autorité du commandement, le génie de l'organisateur et les talents de l'administrateur. Elle le trouva dans le vainqueur de Toulon et des fédérés de vendémiaire, dans le héros de Rivoli et des Pyramides, dans l'organisateur de l'Italie et le négociateur du traité de Campo-Formio.

A peine eut-elle appris son retour d'Egypte qu'elle se précipita dans ses bras, le suppliant de la sauver d'elle-même et des bavards impuissants qui la laissaient périr. Dès ce moment la révolution du 18 brumaire était faite. En arrivant à Paris, Napoléon n'eut qu'à souffler sur le Directoire et les assemblées pour les voir disparaître.

CHAPITRE II.

Le premier Empire.

La tâche du héros sauveur était immense : de l'ancienne société il ne restait que des ruines et la nouvelle était à peine ébauchée. Il fallait reconstituer, à la fois, le gouvernement, l'administration, les lois, la justice, la religion, l'instruction, l'armée, la police, les finances, le crédit public, l'industrie, le commerce, et rouvrir les portes de la France à tous ses enfants que les discordes civiles en avaient expulsés !

Quelques semaines suffirent pour préparer les éléments de cette œuvre gigantesque et les soumettre à l'assentiment national dans la célèbre constitution de l'an VIII, qui a servi de base à toutes nos constitutions ultérieures,

Cependant tout n'était pas fini. Cette France que le génie venait de ressusciter et d'animer d'une vie nouvelle, était menacée, dans son existence même, par un ennemi victorieux qui s'apprêtait à l'envahir.

Le péril était imminent. Napoléon réunit les débris de nos armées, se mit à leur tête, franchit les Alpes, tomba comme la foudre sur l'armée autrichienne dans les plaines de Marengo, la défit, lui arracha l'Italie et couronna cette immortelle victoire par le traité de Lunéville, qui replaça la France à la tête des nations.

*
* *

Les trop courtes années de paix qui suivirent furent les plus belles et les plus fécondes de notre histoire. Napoléon les consacra à l'achèvement et au perfectionnement de l'édifice social dont il n'avait pu d'abord que jeter les fondements.

C'est à cette époque, à jamais mémorable, que remontent toutes les grandes institutions qui ont fait la France si puissante et si glorieuse, et qui ont résisté à toutes les tempêtes révolutionnaires.

Le *Concordat* qui, en rétablissant le culte catholique, a réconcilié la fille aînée de l'Eglise avec la Papauté et rendu le clergé à sa mission divine;

Le *Code civil* dont les articles, tous fondés sur l'égalité, tracent à chaque citoyen ses droits et ses devoirs dans les différentes circonstances de la vie.

La *magistrature*, chargée de rendre la justice en appliquant les lois; le *conseil d'État* qui les prépare, le *Corps législatif* et le *Sénat* qui les discutent et les votent, enfin le *Gouvernement* avec sa vigoureuse *administration*, qui doit les publier et les faire exécuter jusque dans le dernier hameau;

La *police* et la *gendarmerie*, qui maintiennent partout la sécurité en surveillant et en poursuivant les coupables ;

La réorganisation de l'*enseignement public* sur les principes de la science, de la discipline, de la religion, qui sont les bases mêmes de cette illustre Université de France dont la mission est de répandre l'instruction nationale, à tous les degrés, dans toutes les classes de la société;

Le nouveau système de nos *impôts*, fondés

sur l'équité, proportionnés aux ressources des contribuables ainsi qu'aux besoins de l'Etat, et administrés selon les règles de la plus rigoureuse comptabilité;

La *Banque de France*, destinée à fournir au commerce et à l'industrie les capitaux qui leur manquent, et qui a tant contribué à sauver le pays des crises terribles qu'il a traversées;

La vigoureuse impulsion donnée aux *travaux d'utilité publique*; l'assainissement et les embellissements des villes, le rétablissement de nos routes défoncées, la création de nouvelles voies de communication, de nouveaux ports de guerre et de commerce, et de ces nombreux canaux qui transportent, à bas prix, les produits de l'agriculture et de l'industrie sur tous les points de la France;

La reconstitution de notre *armée* dans des conditions qui en ont fait la première du monde, et la résurrection de notre *marine* sur le pied le plus formidable.

La *pacification* de la Vendée et la *fusion* de tous les anciens partis dans le grand parti national;

Enfin, la création de cette *Légion d'honneur*, dont l'étoile brille d'un si glorieux éclat sur la poitrine des hommes de cœur et de talent, et qui a enfanté tant de prodiges de dévouement et de patriotisme!

*
* *

Quatre années ont suffi pour fonder et mettre en vigueur ces grandes institutions. Elles étaient si bien adaptées au génie de la France nouvelle, que pas une n'a été ébranlée ni par le temps, ni par les efforts des partis, et que tous les gouvernements qui se sont succédé, depuis la Restauration jusqu'à l'étrange république qu'on vient de nous imposer, n'ont pu vivre que par elles.

Témoins de tant de merveilles, accomplies avec une telle promptitude et une telle sûreté de coup d'œil, comment nos pères n'auraient-ils pas été transportés d'admiration ? et quoi d'étonnant qu'ils aient successivement agrandi le pouvoir du génie qui en faisait un si merveilleux usage ?

En le nommant consul pour dix ans, puis consul à vie, puis empereur héréditaire, la nation n'obéissait pas moins à la voix de ses intérêts qu'à l'élan de sa reconnaissance. Qui pouvait mieux que le grand homme et ses descendants défendre et perfectionner son œuvre?

⁂

Napoléon avait raison de hâter la réorganisation de la France. En purifiant la révolution de ses souillures et en prouvant au monde non-seulement qu'elle était compatible avec l'ordre, mais qu'elle pouvait, mieux encore que l'ancien régime, enfanter la prospérité et la grandeur d'un peuple, il avait exaspéré jusqu'à la rage la haine de ses ennemis. Pendant que ceux de l'intérieur épuisaient lâchement contre lui toutes les formes de l'assassinat, les puissances étrangères ne cessaient d'ourdir de nouvelles coalitions pour l'écraser avec les principes de 89, incarnés dans sa personne.

Mais il n'était pas homme à se laisser surprendre. Tout en travaillant à la réédification de la France, il n'avait rien négligé pour mettre son armée en état de tenir tête à l'Europe entière.

Il la destinait, d'abord, à frapper un grand coup sur l'Angleterre, qui venait de rompre la paix d'Amiens et avait été l'âme de toutes les coalitions précédentes. On sait pourquoi cette armée se retourna subitement contre l'Autriche et de quelle gloire elle se couvrit sous les rayons du soleil d'Austerlitz.

****

A partir de ce moment jusqu'à la douloureuse catastrophe de Waterloo, la vie de la France et de son chef ne fut plus qu'une lutte incessante, sur un champ de bataille qui s'étendait d'un bout de l'Europe à l'autre.

Malgré les prodigieuses victoires qui ont illustré notre armée, elle finit par succomber; mais les principes qui s'échappaient des plis de son glorieux drapeau avaient été semés partout sur ses pas, et quand nos ennemis se croyaient complétement vainqueurs, ils s'aperçurent, avec effroi, qu'ils étaient soumis aux idées de la France plus encore qu'ils ne l'avaient été à sa redoutable épée !

****

La chute de Napoléon, son martyre et sa mort sur un rocher lointain ont mis le comble au prestige de sa vie. Le jour où ses restes mortels furent rendus à cette France qu'il *avait tant aimée*, elle les accueillit avec de tels transports que jamais triomphe n'égala la gloire de ce convoi funèbre.

Vainement les partis se sont efforcés de flétrir ce grand nom; leurs calomnies n'ont servi qu'à le graver plus profondément dans le cœur du pays. Désormais l'identification de Napoléon et de la France est complète. Ainsi qu'il le disait à son retour de l'île d'Elbe, en s'adressant au peuple et aux soldats : «Mon existence ne se compose que de la vôtre; mon intérêt, mon honneur et ma gloire ne sont autres que votre intérêt, votre honneur et votre gloire.»

CHAPITRE III.

Le deuxième Empire.

Cette union merveilleuse d'un grand homme et d'un grand peuple a résisté à tous les événements ; elle s'est maintenue et se maintiendra dans la dynastie impériale tant que celle-ci se montrera digne de la mission que lui a léguée son immortel fondateur.

C'est ainsi, du reste, que l'entend la France. Elle l'a bien prouvé en 1848. Aussitôt qu'elle fut libre de choisir son chef, elle tourna ses regards vers l'héritier de Napoléon. Tous les efforts du gouvernement d'alors, réunis à ceux des ennemis de l'Empire, furent impuissants contre l'entraînement national.

Et voyez à quel point l'instinct du pays le guida sûrement ! Ce que Napoléon Ier n'avait pu accomplir dans la voie du progrès et de la liberté, où ses guerres perpétuelles ne lui avaient pas permis d'appliquer son génie, Napoléon III le réalisa au delà de toute espérance. Le premier avait fait la France la plus glorieuse et la plus puissante des nations ; le second l'a rendue la plus riche et la plus heureuse !

*
* *

Ce qu'il a fait, en dix-huit ans, pour rétablir l'ordre et la sécurité ; pour protéger les inté-

rêts de la religion, de la propriété, du travail ;
pour encourager la science, l'art, l'agriculture, l'industrie, le commerce ; pour multi-
plier et perfectionner toutes les voies de communication ; pour assainir et embellir les
villes ; pour émanciper les classes laborieuses,
améliorer leur sort, mettre l'instruction et le
bien-être à leur portée ; ce qu'il a fait pour
l'armée et la marine ; tout cela est incalcu-
lable. Vingt autres règnes n'en auraient pas
fait autant. Cette fameuse *poule au pot* qu'Hen-
ri IV ne pouvait que souhaiter aux prolétaires
de son temps, Napoléon III la leur donna, et,
comme le disait Proudhon dans son énergique
langage, il fit pour *le peuple* ce que les flat-
teurs du peuple se contentaient de *blaguer*.

Pour avoir été moins éblouissante que celle
de l'oncle, la gloire du neveu n'en sera donc
ni moins durable, ni moins chère à la France.

Ce qui achève le parallèle entre nos deux
empereurs, c'est que tous deux sont tombés
sur un champ de bataille en défendant la
patrie contre l'étranger, victimes des traîtres
qui faisaient cause commune avec l'ennemi ;
tous deux sont morts en exil dans de cruelles
souffrances, en pensant à la France, en n'ex-

primant qu'un regret, celui de n'avoir pas assez fait pour elle.

*
* *

Et la France pourrait oublier ces deux grandes mémoires! Et leurs détracteurs prétendent que le prestige du nom de Napoléon a disparu! Qu'ils osent donc en faire l'expérience. Le moyen est facile. Vous qui vous prétendez si populaires, invitez le Prince Impérial à venir à Paris visiter les ruines de ce palais des Tuileries qui fut son berceau. A l'empressement des populations, aux acclamations qu'elles feront retentir sur son passage, vous pourrez juger si le *retour d'Angleterre* le cède en rien à celui de *l'île d'Elbe*, et si, depuis soixante ans, le cœur de la France a changé !

Mais vous vous garderez bien de tenter une pareille épreuve. Tandis que vos célébrités, vos prétendants, vos princes vont et viennent librement dans le pays sans y exciter la moindre émotion, la seule pensée que l'héritier des Napoléon puisse, un instant, se montrer à la France, vous glace d'effroi. Vous êtes tellement convaincus que c'est vers lui que la nation tourne ses regards d'espérance, que vous ne voulez à aucun prix la consulter.

Et vous avez raison d'avoir peur de ce jeune homme. Sans parler de l'auréole de gloire qui rayonne autour de son nom, la Providence, en prévision de ses hautes destinées, l'a comblé de tous les dons de l'esprit et du cœur : à la bonté de son père, à la grâce de sa mère, il unit l'indomptable énergie de son oncle ; et l'éducation qu'il a reçue, l'expérience qu'il tient du malheur, le travail incessant auquel il s'est livré, l'ont admirablement préparé au rôle patriotique qui l'attend.

*
* *

Espérons qu'il n'attendra pas longtemps. Le règne du mensonge, celui des hommes du 4 septembre et de leurs complices, touche à son terme. Ils ont beau vouloir fermer la bouche au pays, ils n'empêcheront pas plus sa voix de prononcer leur condamnation, qu'ils ne pourront ressusciter les ignobles calomnies dont ils ont essayé de salir l'Empire.

Qui ne sait, aujourd'hui, que les véritables

auteurs de nos désastres sont ces hommes néfastes qui, après avoir rendu la guerre inévitable, ont empêché l'Empereur et la France de se donner une armée capable de résister à l'ennemi ; qui, lorsque tout pouvait encore être sauvé, soit par un vigoureux effort du pays, soit par une paix qui aurait laissé intactes nos frontières et nos forces, ont profité de nos premières défaites pour renverser le gouvernement national et nous livrer à la merci des Prussiens ; qui, après avoir sacrifié à leur misérable ambition l'élite de la jeunesse française, en ont été réduits à signer ce honteux traité qui nous coûte tant de milliards et deux de nos plus belles provinces?

Le *lâche de Sedan* n'est plus aujourd'hui qu'un héroïque martyr ; les *capitulards* ne sont plus ces braves soldats qui ont combattu à Wissembourg, à Reichshoffen, à Bazeilles et sous les murs de Metz, mais ces bandes indisciplinées qui ne savaient que parader devant les saltimbanques de la défense nationale ou fuir devant l'ennemi ; les *traîtres* sont ceux qui ont profité de l'invasion pour décapiter la France, et, si l'on veut trouver des voleurs et des assassins, il faut aller les chercher parmi les fournisseurs de la République et les héros de la Commune.

*
* *

Pour comble, leur république, ce produit incestueux de l'accouplement de la démagogie avec l'orléanisme, qu'ils ont eu tant de peine à enfanter et qui devait leur livrer le pays ; cette république est tombée sous la main d'un loyal soldat, compagnon *des gloires et des malheurs de l'Empereur*, d'un maréchal de France, qui en a confié le gouvernement à des ministres non moins résolus que lui à en écarter les républicains et à ne lui laisser qu'un nom vide de sens !

———

CHAPITRE IV.

Le troisième Empire, son programme.

On a demandé au nouvel Empire son programme. A quoi bon ? N'est-il pas inscrit dans la devise des Napoléon : « TOUT POUR LE PEUPLE ET PAR LE PEUPLE ! »

Que peut aujourd'hui promettre et que
pourra vouloir le Prince Impérial, quand la
France l'aura rappelé, sinon de se conformer
aux vœux de la nation? Puisque l'Empire ne
saurait exister que par la volonté du pays,
n'est-ce pas au pays lui-même qu'il appartient
de lui tracer sa voie et de l'y maintenir?

Ausitôt que le peuple souverain a parlé,
l'Empire n'a qu'à s'incliner et à dire : « Seigneur, que votre volonté soit faite !»

Au reste, le programme d'un gouvernement
n'est pas dans ses promesses; son véritable
programme, le seul qui ne mente pas, se trouve
dans l'histoire de son passé : ce qu'il a été, il
le sera; ce qu'il a fait, il le fera encore.

Nous avons dit ce qu'ont fait les deux premiers empires pour répondre aux besoins de la
France ; le troisième ne pourra que marcher
sur leurs traces.

* *
*

La France attend de lui le rétablissement
d'un gouvernement fort et durable, qui rassure
tous ses intérêts, lui rende sa prospérité per-
due, allége le poids des impôts qui l'écrasent,

la relève aux yeux de l'Europe, lui permette de renouer ses alliances, de ne plus trembler au moindre froncement de sourcils d'un major prussien, et d'espérer, sinon sa revanche sur les champs de bataille, du moins le retour pacifique des provinces que l'incapacité et la trahison des hommes de septembre ont livrées à l'ennemi.

Cette tâche, impossible à tout autre gouvernement, est facile à l'Empire. Appuyé sur la volonté nationale, lui seul est assez fort pour apaiser nos discordes civiles et imposer silence à tous les partis. Or, quand les partis se taisent, tous les intérêts sont rassurés ; le travail national reprend son essor, l'aisance se répand dans toutes les classes de la société, les impôts rendent davantage et il est possible de les réduire sans diminuer les revenus du Trésor. N'avons-nous pas vu Napoléon III alléger de près de 500 *millions* les charges des contribuables tout en accroissant de plus *de* 600 *millions* les ressources de l'Etat? Ce qu'a fait le père, pourquoi le fils ne le ferait-il pas?

Quant à nos alliances avec les autres puissances de l'Europe, quel autre que lui pourrait les rétablir? Serait-ce cette république dont le nom seul a suffi, le lendemain de Sedan, pour les faire disparaître? Qui ne sait qu'après nos premières défaites, au moment où toutes les puissances, la Russie en tête, se concertaient pour amener la Prusse à conclure la paix sans toucher à notre territoire, la fatale révolution du 4 septembre est venue faire le vide autour de la France et l'abandonner à l'avidité de ses vainqueurs?

La République n'a et ne peut avoir d'amis que chez nos ennemis. Bismark, de Moltke et Guillaume sont les seuls qui l'honorent de leurs sympathies et fassent des vœux pour sa durée! Pourquoi? Parce qu'ils savent, et ils l'ont dit assez haut pour que personne n'en ignore, qu'entre les mains des républicains jamais la France ne sera capable de se relever et de résister à une nouvelle invasion.

Ceux qui ont déjà livré le pays à l'étranger sont les seuls qui puissent le lui livrer encore.

*
* *

Le rétablissement de la monarchie en France est donc l'unique moyen de réparer nos forces et de renouer nos alliances au dehors.

Certes, si la monarchie légitime était possible, ces alliances ne lui feraient pas plus défaut qu'à l'Empire ; mais les puissances savent aussi bien que nous que la France n'en veut plus.

L'orléanisme ne représente à leurs yeux que l'intrigue et la trahison ; elles l'ont encore plus en horreur que la République. Force leur est donc de s'allier avec la seule monarchie qui leur assure un point d'appui solide dans la volonté du pays.

Avec Napoléon Ier de pareilles alliances étaient impossibles ; les coups terribles qu'il avait dû frapper sur les souverains étrangers ne leur permettaient pas de lui tendre loyalement la main. Son neveu lui-même, au début de son règne, eut quelque peine à se faire admettre dans l'intimité des puissances ; mais les services qu'il rendit à la cause de l'ordre et de l'autorité, la vigueur avec laquelle il sut réprimer les écarts de la démagogie, surtout la modération dont il fit preuve après ses victoires en Crimée et en Italie, lui ont assigné, dans les conseils de l'Europe, la place qui semblait exclusivement réservée aux descendants de Louis XIV.

* *
*

Aujourd'hui cette place appartient, sans conteste, à son fils. Tout le monde convient que le principe monarchique n'a plus, en France, de représentant possible que le Prince Impérial. De là le dépit des partisans de nos royautés déchues et l'exaspération des républicains; mais de là aussi les sympathies des masses et les prévenances *significatives* dont les puissances étrangères l'entourent dans son exil.

Car ce jeune prince n'est pas seulement l'espoir de la France, il est aussi l'espoir de l'Europe. Depuis la chute de Napoléon III, l'équilibre européen est rompu : l'ambition de la Prusse menace tous ses voisins, la Russie et l'Autriche aussi bien que le Danemark et les Pays-Bas. La France républicaine ne peut lui opposer aucune digue ; mais l'Empire offre aux puissances une force qui leur permet de dire à la Prusse : « Tu n'iras pas plus loin. »

*
* *

Ajoutons que les autres nations n'ont pas moins intérêt que nous à voir s'établir une paix durable, qui mette un terme aux monstrueux armements sous lesquels elles succombent. Or, comment espérer une paix durable et le désarmement général tant que la Prusse ne nous aura pas rendu l'Alsace et la Lorraine ?

Nos républicains et leurs complices ont pu sacrifier de gaieté de cœur ces deux provinces, même se féliciter d'être débarrassés de l'Empire à ce prix! Mais, quand la France, une fois sortie de leurs mains parricides, aura repris possession d'elle-même, pourra-t-elle se résigner à vivre éternellement séparée des enfants qui lui ont été ravis ? Si elle était capable d'une telle lâcheté, elle ne serait plus la France et ne mériterait que le mépris du monde.

C'est parce que les puissances sont convaincues que la paix ne saurait durer tant que nos frères d'Alsace et de Lorraine seront séparés de la grande famille française, qu'elles pèseront de tout leur poids sur la Prusse pour l'amener à faire ce sacrifice à l'intérêt de l'Europe. Nos vainqueurs oseront-ils résister à la pression de toutes les puissances ? Malgré leur orgueil, il est permis d'en douter. En tout cas, nos alliances nous permettraient de relever nos forces et de nous préparer à profiter des chances de l'avenir.

* *
*

Ainsi tout se tient dans la mission que la Providence réserve au nouvel Empire. Son rétablissement nous garantit un gouvernement énergique et stable, qui rassurera tous les intérêts, répandra partout l'aisance, et, en augmentant les revenus du Trésor, permettra d'alléger le fardeau des impôts; il nous rendra nos alliances au dehors, consolidera la paix, nous restituera, sans guerre, nos provinces perdues, ou nous mettra en état de traiter d'égal à égal avec la Prusse, si elle restait sourde aux conseils pacifiques de l'Europe.

Ce sera la troisième fois que l'Empire sauvera la France des calamités et des hontes de la République.

*
* *

Dans ce programme il ne devrait être question ni de Paris, ni des classes laborieuses.

Car, si on considère, d'un côté, ce qu'ont fait les deux premiers Empires, surtout le dernier, pour assainir, embellir et enrichir Paris ; de l'autre, l'ingratitude dont les Parisiens ont payé tant de bienfaits, il semblerait juste que le nouvel Empire s'en vengeât, ne fût-ce qu'en laissant Paris dans la situation où l'a mis la République.

Grâce aux républicains, Paris n'est plus la capitale de la France ; le gouvernement, les Assemblées, avec le cortége de fonctionnaires, de visiteurs et de solliciteurs qui les suivent, ont été transférés à Versailles, et ils y resteront tant que durera le régime dont une émeute parisienne a doté la France.

Ce que les propriétaires, les commerçants, les ouvriers de Paris y ont perdu, ce qu'ils y perdront encore, personne ne saurait le dire. Cependant ils ne peuvent s'en prendre qu'à eux-mêmes, et si l'Empire, à son retour, ne changeait rien à ce triste état de choses, ils n'auraient qu'à s'incliner en se frappant la poitrine.

Heureusement pour eux, l'Empire seul est, à la fois, assez fort pour ramener le gouvernement à Paris et assez généreux pour oublier les injures. Le premier acte du nouvel empereur sera de rendre à cette grande cité tout ce que les républicains lui ont fait perdre.

*
* *

Ce que nous disons de Paris s'applique également aux classes laborieuses. Quel homme, quel souverain a fait autant pour elles que Napoléon III? Sa vie entière s'est passée à étudier et à mettre en pratique les moyens d'améliorer leur sort. Dès sa jeunesse, en prison, dans l'exil, sur le trône, il n'a cessé de s'en occuper; l'histoire dira que les classes populaires n'ont jamais eu d'ami plus intelligent et plus dévoué.

Bien que les principes de 89 eussent présidé à la rédaction de nos codes, il y restait cependant deux lacunes dont l'égalité avait à souffrir : les droits de l'ouvrier n'étaient point égaux à ceux du patron, ni les droits du serviteur à ceux du maître. Grâce à l'Empereur, cette double anomalie a disparu. Aujourd'hui, ouvriers et patrons, domestiques et maîtres sont placés sur la même ligne aux yeux de la loi et devant la justice.

Assurément les nombreuses institutions qu'il a créées pour soulager la misère des masses et leur faciliter la participation à tous les avantages sociaux ne lui étaient point inspirées par les absurdes théories du socialisme ou du radicalisme; il les puisait dans son bon sens et son cœur. Elles n'en étaient que plus efficaces, et, pour les réaliser plus promptement, c'est avec ses propres ressources qu'il en faisait les premiers frais. On compte par millions les sommes qu'il consacrait, chaque année, à ces œuvres de bienfaisance.

Or, de quelle façon les classes ouvrières l'en ont-elles récompensé? Son fils ne serait-il pas en droit de leur dire : Puisque c'est ainsi que vous traitez ceux qui vous font le plus de bien, tirez-vous d'embarras comme vous pourrez, ou adressez-vous à ces illustres hâbleurs du 4 septembre et de la Commune qui ont si bien répondu à votre confiance en aggravant vos misères, en vous faisant massacrer à Paris, fusiller à Satory ou transporter à Nouméa !

Mais un pareil langage est loin de la pensée du fils de Napoléon III. A ses yeux la plus belle, la plus précieuse part de l'héritage de son père est précisément dans ces institutions généreuses qu'il s'empressera de rétablir, et si sa noble mère regrette quelque chose du rang suprême, ce n'est que le pouvoir de remplir, sur une plus large échelle, le rôle *de sœur de charité* où elle excellait.

⁎
⁎ ⁎

Quelques-uns paraissent craindre que le nouvel empire ne soit un gouvernement d'*exclusion* et de *vengeance*.

C'est bien mal connaître les devoirs que lui imposent son origine et ses traditions.

Que les autres gouvernements, issus de l'intrigue et des coteries, n'aient de faveurs que pour leurs amis et repoussent tout ce qui n'appartient point à leur petite église ; que la légitimité, reprenant les errements de la Restauration, réserve les fonctions, les dignités, l'influence pour la noblesse et le clergé, comme l'orléanisme les réserverait pour les enrichis, rien de plus naturel, et la République n'a pas fait autrement.

Le 4 septembre n'a-t-il pas distribué tous les emplois aux républicains? Ce n'est pas sa faute si ce parti comprenait tant d'incapables et si peu d'honnêtes gens ; mais cela explique pourquoi les armées de Gambetta ont été si bien commandées, si bien habillées, si bien nourries ; pourquoi nos départements ont été si bien administrés et nos finances si scrupuleusement ménagées ; pourquoi, enfin, les républicains n'ont laissé à leurs adversaires politiques que les postes du danger, tandis que leur bravoure et leur patriotisme les condamnaient à se cacher dans les bureaux d'où ils envoyaient gaiement les autres se faire tuer à leur place !

*
* *

Tous ces régimes sont donc nécessairement exclusifs.

Mais un gouvernement sorti de la volonté nationale, qui pourrait-il exclure? Est-ce que toutes les classes ne sont pas également comprises dans la nation? Est-ce que toutes ne sont pas censées avoir participé à son élection? Est-ce que, une fois nommé, il peut rester encore des partis à ses yeux?

Jugeons de l'avenir par le passé.

Napoléon Ier et Napoléon III n'ont-ils pas appelé à eux tous les talents, toutes les aptitudes, toutes les expériences, sans autre condition que celle de servir fidèlement la France?

Les intérêts de la religion, de la noblesse et de la bourgeoisie n'ont-ils pas été, sous leur règne, aussi protégés et favorisés que ceux des ouvriers et des paysans?

Si l'Empire a fait plus pour les classes laborieuses, n'est-ce point parce qu'elles avaient plus besoin que les autres de secours et d'appui? Et en s'efforçant ainsi de les satisfaire, ne travaillait-il pas autant dans l'intérêt des riches que dans celui des pauvres?

L'Empire n'a jamais été et ne saurait jamais être un gouvernement de parti. Comme l'a dit un de ses plus illustres représentants: l'Empire est un temple immense élevé à la concorde pas la volonté du pays, où tout ce qui est Français a sa place marquée et d'où ne sont exclus que ceux qui s'obstinent à rester dehors.

*
* *

On a parlé de ses vengeances ! Mais qui a plus oublié et plus pardonné que nos deux empereurs ? La France a vu la terreur blanche après la terreur rouge ; des ruisseaux de sang ont coulé sous la Royauté comme sous la République ; mais où sont les victimes des vengeances de l'Empire ?

Le Prince Impérial ne saurait se montrer moins magnanime que ses augustes prédécesseurs. Sa conduite est, d'ailleurs, toute tracée dans les mémorables paroles de son oncle au retour de l'île d'Elbe : « Tout ce que des individus ont fait, dit ou écrit (depuis la chute de l'Empire), je l'ignorerai toujours.»

Amnistie et pitié pour les masses égarées. Quant aux principaux auteurs de nos désastres, c'était à l'Assemblée nationale, après l'enquête qu'elle a ordonnée contre eux, d'en faire justice. Si elle a eu la faiblesse, pour ne rien dire de plus, de laisser tant de crimes impunis, c'est sur elle qu'en retombera toute la responsabilité.

Ainsi le programme du nouvel empire se résume en trois mots : *continuer*, *développer*, *compléter* l'œuvre des deux premiers, en se conformant à la volonté du pays.

*
* *

En regard de ce programme, si simple et si vrai, plaçons ceux de la Royauté et de la République.

Que peuvent promettre à la France, pour gagner sa confiance, la royauté légitime et celle des barricades ? Une seule chose : *de ne pas recommencer leur passé*. Mais la France ne les croirait pas. Comme l'a si bien dit leur plus glorieux ancêtre,

Le seul roi dont le peuple ait gardé la mémoire,

La caque sent toujours le hareng.

La légitimité aurait beau jurer encore sur les saints Evangiles qu'elle ne songe nullement à rétablir les priviléges de la noblesse et du clergé, et que toutes les conquêtes de la révolution seront désormais sacrées pour elle ; les souvenirs des deux restaurations et les principes surannés qu'elle continue d'invoquer se dresseraient devant ses promesses pour leur infliger un solennel démenti !

De son côté, l'orléanisme essaierait vainement de faire croire à la France qu'il ne sera plus le gouvernement des privilégiés de la fortune, que les classes populaires seront le principal objet de sa sollicitude, qu'il a renoncé à toute intrigue, à toute déloyauté et qu'il se montrera, désormais, aussi désintéressé envers le pays que fier devant l'étranger ; ses démarches à Frohsdorff pour trahir la légitimité, ses alliances avec Gambetta pour trahir la République, les millions qu'il a osé réclamer de la France en détresse et le sang allemand qui coule dans les veines de son chef ; tout cela dit assez haut que la *caque* de l'orléanisme *sent* encore plus le *hareng* que celle de la légitimité.

*
* *

La République a beau se draper dans les principes de 89 et les revendiquer comme son œuvre, il n'y a pas d'écolier qui ne sache que ces immortels principes n'ont rien de commun avec elle, qu'ils ont été proclamés avant qu'elle ne fût au monde, et que, s'ils ont couru des dangers, c'est quand ils ont eu le malheur de tomber dans ses mains.

Les massacres de septembre, les noyades de Nantes, les mitraillades de Lyon, les hécatombes de 93, les sanglantes journées de juin, les lâchetés et les hontes de la défense nationale, les horreurs de la Commune ; voilà les œuvres de la République, voilà son passé, et tel serait encore l'avenir qu'elle nous réserve !

Elle voudrait qu'il en fût autrement, que son personnel, non moins que ses principes, le lui défendrait.

De quoi se compose, en effet, le parti républicain? On y trouve, sans contredit, de fort honnêtes gens ; mais derrière eux que voit-on, sinon des ambitieux sans conscience, flanqués de tous les voleurs, de tous les escrocs, de tous les repris de justice, de tous les déclassés, de tous les paresseux, de tous les débauchés, de tous les impies, de tous les piliers de café et de cabaret ; en un mot, de toute la lie des sociétés civilisées?

C'est dans cette ignoble cohue que consiste

la vraie force de la République ; c'est d'elle que se compose la *queue* formidable que le rusé Gambetta traînait après lui et que ses amis sont en train de lui couper pour se la rattacher ; c'est à elle, enfin, que de prétendus conservateurs, aveuglés par la haine de l'Empire, d'anciens ministres, des ducs, des princes travaillent, depuis cinq ans, à livrer de nouveau la France !

*
* *

De programme, la République n'en a pas, ou, plutôt, elle en a autant que d'ambitieux qui l'exploitent. Le programme de Thiers est-il le même que celui du *fou furieux* ? Le duc d'Aumale veut-il ce que veut Naquet ? Casimir Périer pense-t-il comme Marcou, et le duc Pasquier comme l'ouvrier Tolain ?

Imaginez ces républicains, affublés d'oripeaux de toute couleur ; montés sur des tréteaux comme autant de saltimbanques dans une foire, et débitant chacun son boniment devant le suffrage universel. Quels cris discordants ! quelle cacophonie ! et comme la France fuirait éperdue en se bouchant les oreilles !

Au reste, leurs programmes n'ont jamais été que des mensonges. Demandez à M. Thiers ce qu'il a fait de ses fameuses *libertés nécessaires*, à Trochu ce qu'il a fait de ses serments, à Gambetta ce qu'il a fait pour les nouvelles couches sociales ; à tous ce qu'ils ont fait des droits, de l'argent et de l'honneur de la France ?

La liberté promise, c'est l'état de siége et l'arbitraire du sabre ; les économies dans le budget, c'est le gaspillage de nos finances et un milliard ajouté à nos dépenses annuelles ; les nouvelles couches sociales sont fusillées ou au bagne ; quant à l'honneur national, les signataires de la capitulation de Paris l'ont jeté, avec notre or et nos provinces, dans les fourgons prussiens qui l'ont emporté !

Et la France n'en aurait pas encore assez de tous ces mensonges, de toutes ces ruines, de toutes ces hontes ! Et le jour où il lui sera enfin permis de se redresser dans sa majesté souveraine, elle ne s'armerait pas de son fouet vengeur; pour chasser de son temple les infâmes trafiquants qui le souillent !

CHAPITRE V.

Les élections générales.

Heureusement les temps sont proches. Aux élections générales tous les partis vont comparaître, comme dans une sorte de vallée de Josaphat, devant leur seigneur et maître, le suffrage universel, qui saura bien reconnaître les siens.

Quels seront les élus? Quels seront les réprouvés?

Tous les partis, en France, se réduisent à deux : celui des *conservateurs* et celui des *républicains ;* les conservateurs sont royalistes ou impérialistes, et les républicains, modérés ou radicaux.

Devant la masse des électeurs, les chances des royalistes, légitimistes ou orléanistes, sont à peu près égales, et elles égalent *zéro.*

Seuls, parmi les conservateurs, les impérialistes peuvent affronter avec succès l'épreuve du scrutin.

Les républicains modérés ne se trouvent guère que dans la Chambre; le peuple n'en connaît pas. C'est une espèce de champignon, plus ou moins vénéneux, qui se cultive dans la petite serre de M. Thiers ou qui pousse dans les moisissures du palais de Versailles, mais qui ne saurait se produire au grand air sans se dessécher et tomber en poussière.

Aux prochaines élections la bataille se livrera donc entre les *impérialistes* et les *radicaux*.

Lequel des deux partis l'emportera? Ici les voix se comptent et ne se pèsent pas. La victoire sera pour les gros bataillons.

** * **

Tous les partis savent que, sous la bannière de l'Empire ou *de l'appel au peuple*, sont déjà rangés, en immense majorité, les habitants des campagnes et qu'ils forment les deux tiers du corps électoral.

Ajoutons-y la masse des honnêtes gens qui ne sont d'aucun parti ou dont le parti n'a aucune chance de l'emporter dans la lutte, et qui ne s'inspirent que de leurs intérêts.

Le nombre en est grand, car il comprend

tous ceux qui tiennent à conserver ce qu'ils ont, depuis l'ouvrier économe jusqu'au millionnaire, et tous ceux qui, par tempérament, préfèrent l'ordre et la sécurité à l'anarchie et aux agitations de la République.

On y compte presque toute la vieille noblesse de France, que la peur des violences radicales, le dégoût des félonies orléanistes et l'impossibilité de restaurer la royauté légitime pousseront, comme en 1848, dans les bras de l'Empire.

On y compte aussi le clergé, qui, par les mêmes motifs que la noblesse et par l'horreur que lui inspirent les principes anti-religieux des républicains, n'hésitera pas à se rallier au seul gouvernement capable de le protéger contre les spoliations et les massacres dont le menacent les communards de l'avenir.

On y compte encore tous ceux que la stagnation des affaires, les souffrances du commerce et de l'industrie, et l'aggravation des charges publiques ont éloignés d'un régime dont les belles promesses n'ont abouti qu'à la ruine de tous.

On y compte, enfin, cette multitude d'hommes de sens et de cœur qui placent les intérêts de la patrie au-dessus des intrigues des partis.

Réunissez ces éléments divers, faites le calcul et jugez si, dans les prochains comices, l'Empire ne retrouvera pas les millions de voix de ses anciens plébiscites.

*
* *

En présence de cette grande armée de l'appel au peuple, quelles forces la République a-t-elle à mettre en ligne?

Outre la lie de la population des villes et des campagnes, les meneurs du parti radical ont, depuis longtemps, enrôlé les ouvriers des grands centres industriels ; plus, tous les avocats sans cause, les officiers ministériels sans affaires, les médecins sans malades, les professeurs sans élèves, les fils de famille et les commerçants ruinés, tous ceux qu'une ambition malsaine pousse à demander la fortune et les jouissances aux bouleversements plutôt qu'au travail et à l'économie.

Ajoutons-y ces républicains de rencontre, tels que les Thiers, les Casimir Périer, les Laboulaye et tant d'autres qui, poussés par la haine de l'Empire et par l'espoir de s'emparer de la République, n'hésiteront pas à se coiffer du bonnet rouge pour arriver à leur but.

Ajoutons-y, enfin, les orléanistes qui, n'osant se présenter au scrutin sous leurs véritables couleurs, se glisseront sur la liste des démagogues, dans l'espoir de sortir pêle-mêle avec eux des urnes du scrutin, sauf à se débarrasser plus tard de ces dangereux auxiliaires.

*
* *

Tout cela forme une multitude fort bigarrée, cependant moins considérable qu'elle ne paraît. Au bruit que font les radicaux, on les croirait des légions innombrables ; mais on se tromperait étrangement si l'on jugeait des sentiments des populations paisibles par les cris de quelques énergumènes.

Ce qui fait leur vraie force, ce n'est pas leur nombre, c'est leur organisation. Dans chaque département ils ont des comités et des sous-comités, des chefs et des sous-chefs qui connaissent tous leurs soldats, lesquels sont prêts à obéir au premier signal.

Assistez à la préparation d'une élection : le **comité** central désigne le candidat et tous les électeurs l'acceptent. Voyez-les marcher au scrutin : personne ne manque à l'appel et tous votent comme un seul homme.

Chose étrange ! ce parti qui, devant l'ennemi, ne s'est fait remarquer que par son indiscipline et sa couardise, montre, devant l'urne électorale, un ensemble et une résolution que les conservateurs, si braves sur les champs de bataille, sont loin d'imiter.

*
* *

Là est le danger des prochaines élections. Pour le conjurer, que doit faire le parti de l'appel au peuple ?

A l'exemple des radicaux, mais en respectant les lois, son devoir est de se compter et de s'organiser ; c'est d'avoir dans chaque département, chaque arrondissement, chaque canton, des comités en rapports réguliers avec les électeurs qui regrettent l'Empire, qui sont disposés à user de tous les moyens légaux pour le rétablir.

C'est d'éclairer et de diriger ces électeurs par la parole et les écrits, par des journaux et des brochures à bon marché, répandus dans les ateliers, dans les villages et les villes, partout où il peut être utile de détruire les calomnies contre l'Empire et de combattre les doctrines perverses dont les pamphlets radicaux empoisonnent les populations;

C'est, enfin, d'imprimer une vigoureuse impulsion à l'opinion publique, afin que, quand le moment sera venu, tous les bons citoyens soient prêts à marcher résolûment au combat qui doit décider du salut de la France.

* *
*

Pour réussir, que manque-t-il au parti de l'appel au peuple? Le nombre? mais la masse des honnêtes gens n'est-elle pas avec lui? Le talent? quel autre parti renferme autant d'hommes éminents dans toutes les carrières? Le dévouement? où en trouvera-t-on si ce n'est parmi les impérialistes? La résolution? ce serait la première fois que le parti des Napoléon en manquerait. La discipline? quel parti en a jusqu'ici montré davantage? Les quelques écarts que des esprits trop timides ou trop ardents ont pu se permettre ne se renouvelleront pas au grand jour de la lutte. Quand le chef aura parlé, tout le monde obéira. Serait-ce l'argent qui lui ferait défaut? Certes, le parti de l'Empire n'a pas les trésors de la maison d'Orléans ; mais les radicaux sont-ils plus riches que lui, et, ce qu'ils font, pourquoi ne le ferait-il pas?

Tout parti qui s'abandonne est fini, tandis que la victoire se range toujours du côté de celui qui croit au succès et ne néglige rien pour se l'assurer.

*
* *

Ceci s'applique aussi bien à l'élection des sénateurs qu'à celle des députés ; car il ne faut pas oublier que la constitution républicaine nous gratifie de deux chambres, l'une *haute*, l'autre *basse*, dont la première, sous le nom de *Sénat*, se composera de *trois cents* membres, et l'autre, qui s'appellera *Corps législatif*, en comprendra *cinq cents*.

Il n'est plus temps de faire remarquer les incohérences de ce nouveau mécanisme politique, ni la quantité de *crapauds* qu'ont dû avaler Gambetta et ses amis pour concourir avec les orléanistes à l'enfantement d'une pareille œuvre !

Il s'est trouvé en France, dans ce pays du bon sens et de l'esprit, où le ridicule tue plus sûrement qu'une balle, une assemblée, assez affolée par la peur de l'Empire, pour décréter une constitution composée des éléments les plus disparates et dont les dispositions fondamentales s'entre-détruisent. Mais la chose est faite, et d'ailleurs, nous n'en dirions jamais autant de mal qu'en ont dit et qu'en disent chaque jour ses auteurs.

Depuis le 25 février, date à jamais mémorable dans les fastes de la palinodie humaine, cette chose est devenue une loi, et nous devons, comme pour toutes les autres lois tant qu'elles durent, sinon la respecter, du moins nous y soumettre.

*
* *

Nous allons donc avoir à nommer des sénateurs et des députés ; seulement, les électeurs des uns ne sont pas les mêmes que ceux des autres. Il est probable, à moins que nos souverains actuels n'en décident autrement, que les députés seront encore une fois nommés par le suffrage universel ; mais les sénateurs ne sont plus de son, ressort pas plus que de celui du chef de l'Etat ; ils ont un corps élec-celui du chef de l'État ; ils sortiront d'un corps électoral à part qui se compose de nos députés d'abord, puis des membres des conseils généraux et d'arrondissement, puis enfin des délégués des conseils municipaux.

Pourquoi ces gens-là plutôt que d'autres ? pourquoi pas tout le monde, puisque, d'après les principes de 89, tous les citoyens ont des droits égaux ?

Encore une fois, nous n'avons pas à nous en enquérir. L'Assemblée nationale s'est déclarée souveraine, et, en cette qualité, elle nous a dit, à nous qui l'avions élue pour toute autre chose : « Voilà ce que je veux, *sic volo, sic jubeo;* électeurs, mes maîtres, obéissez ! »

Malgré la suprématie attribuée à la Chambre *haute* sur la Chambre *basse* et toutes les prérogatives que lui accorde la Constitution, entre autres, celle de dissoudre la Chambre basse dont elle tient en partie l'existence, personne ne doute que la Chambre nommée par le suffrage *universel* ne l'emporte sur celle qui sortira du suffrage *restreint*. Mais, quelle que soit l'importance relative de ces deux Chambres, aux prochaines élections chaque parti s'efforcera d'avoir la majorité dans toutes les deux.

⁎

Nous avons dit les chances des divers partis dans les élections des députés. Quelles serontelles dans les élections des sénateurs? Pour s'en faire une idée, il faut se rappeler la composition du Sénat et celle du corps électoral qui doit le nommer.

Sur 300 sénateurs, 75 sont *inamovibles*, et seront élus par l'Assemblée nationale, qui certainement exclura tous les impérialistes.

Les 225 sénateurs *temporaires* sont à la nomination des électeurs suivants, dont nous donnons, en chiffres ronds, le nombre par catégories :

  750 députés ;
 3,000 conseillers généraux ;
 3,000 conseillers d'arrondissement ;
35,000 délégués des conseils municipaux.

___

Total, 41,750 électeurs sénatoriaux.

Comment ces diverses catégories d'électeurs voteront-elles?

Presque tous les députés nommeront des candidats hostiles à l'Empire ; comptons-en. ....•   700

Les deux tiers des conseillers départementaux et d'arrondissement voteront de même, soit...........   4,000

Sur les 35,000 délégués municipaux, ceux des villes et autres centres populeux formeront environ 3,500 qui voteront presque tous contre les candidats impérialistes, mettons..........................   3,000

Total, 7,700 électeurs sénatoriaux hostiles à l'Empire. Restent 32,000 délégués municipaux, plus 2,000 conseillers généraux et d'arrondissement ; en tout, 34,000 électeurs, qui porteront, en très-grande majorité, leurs voix sur les candidats de l'appel au peuple, pour peu que le parti y mette d'intelligence et d'activité.

Il lui est donc aussi facile de l'emporter dans les élections de la Chambre haute que dans celles de la Chambre basse. Seulement, il faut vouloir.

*
* *

Dans la bataille qui se prépare, de quel côté se rangera le gouvernement avec les influences dont il dispose?

Les bonapartistes ne peuvent pas plus compter sur lui que les radicaux. S'il était possible de former un parti républicain modéré qui eût quelque consistance dans le pays, l'appui de l'administration ne lui manquerait pas; mais, en dehors de l'assemblée, où trouver des modérés parmi les républicains?

Ce qu'on a vu en 1848 se renouvellera dans quelques mois. Les masses ne connaissent que les opinions tranchées, et les agents du pouvoir se verront forcés de rester neutres, ou seront entraînés vers l'un des partis extrêmes, le radicalisme ou l'impérialisme.

*
* *

La seule chance qui reste aux modérés, c'est que la nouvelle loi électorale remplace le *scrutin de liste* par le scrutin d'*arrondissement*.

Plus les circonscriptions sont restreintes, plus y sont puissantes les influences locales de la grande propriété, la grande industrie et celles du gouvernement. Or, ces influences sont la plupart dans les mains des légitimistes, des orléanistes et des républicains du centre gauche. Avec le scrutin d'arrondissement, elles peuvent procurer le triomphe d'un certain nombre de leurs candidats, tandis que le scrutin de liste, qui fait voter ensemble les électeurs de tout un département, les rend complétement impuissantes.

Quand les temps sont calmes, que le gouvernement est solidement assis sur la base du suffrage universel, et que la principale mission des députés est de représenter, près du pouvoir et dans la Chambre, les intérêts de leurs commettants, la nécessité du vote par arrondissement ne saurait être contestée. Mais en sommes-nous là? Tous les partis ne considèrent-ils pas la république actuelle comme pouvant et devant être révisée dans le sens de leurs intérêts et de leurs vues?

Si les vues et les intérêts des partis importent peu, il importe beaucoup de connaître la volonté nationale; or, comment la connaître si on la laisse sous la pression des influences de clocher, si on ne l'interroge pas dans s pleine et entière indépendance? L'opinion d'un arrondissement peut n'être que l'opinion de l'habitant le plus riche, le plus puissant, ou celle des agents du pouvoir; l'opinion d'un département est toujours une fraction considérable de l'opinion générale du pays.

On comprénd la tendresse des orléanistes pour les petites circonscriptions. Que leur importe la volonté de la France, pourvu qu'ils puissent, par certains moyens, y substituer la leur? Mais ce qu'on ne comprendrait pas, c'est que les impérialistes et les radicaux, qui prétendent avoir le pays avec eux, se prêtassent à un pareil morcellement du suffrage universel!

Espérons que, sur ce point, du moins, ils s'entendront pour écarter une combinaison qui les menace également.

Au reste, quel que soit le mode de scrutin que décrète l'Assemblée, le parti de l'Empire peut, s'il le veut, le faire tourner à son profit; seulement il sera condamné à dépenser deux fois plus d'efforts et d'argent dans un cas que dans l'autre.

*
* *

Un autre danger pour le parti de l'appel au peuple est dans les alliances qu'on lui propose avec d'autres partis conservateurs. Il y a là un piége dont il doit se garder sous peine de mort.

Avec qui s'allierait-il? La plupart de ces prétendus conservateurs le détestent plus encore que les radicaux et, au lieu d'augmenter ses chances, ils ne pourraient que le compromettre aux yeux des populations. D'ailleurs, que lui apporteraient-ils? Ils ont des chefs, ils n'ont point d'armée. Qu'ils se groupent autour de lui et lui prêtent leur concours pour lutter contre l'ennemi commun, rien de mieux; mais, s'il avait le malheur de fusionner avec eux, de mêler sur la même liste ses candidats avec les leurs, il se suiciderait.

Nous ne pouvons nous empêcher de sourire aux rêves naïfs de certains publicistes qui ne cessent de prêcher l'entente de toutes les fractions du parti conservateur. Comment ne voient-ils pas qu'une pareille entente est aussi impossible que de changer les lois fondamentales de la nature humaine? Allez donc parler d'entente à des hommes qui n'aspirent qu'à s'entre-détruire!

Ou la France veut l'Empire, ou elle ne le veut plus. Si elle le veut, qu'elle le dise : or,

our qu'elle le dise, il faut qu'elle soit inter-
ogée franchement.

Tout le monde convient qu'un nouveau plé-
iscite ramènerait l'Empire : pourquoi alors
e pas convertir les élections prochaines en
n plébiscite ?

Rien n'est plus facile. Que tous les candidats
périalistes signent une seule et même décla-
ation par laquelle ils s'engagent à *demander la
évision de la Constitution dans le sens de l'appel
u peuple !* S'ils ont la majorité dans les deux
hambres, l'Empire est rétabli.

* * *

Mais alors, dira-t-on, que deviendra la Ré-
ublique ? et que faites-vous des pouvoirs du
laréchal Président ?

La République deviendra ce qu'elle pourra.
uisqu'elle s'est déclarée *révisable*, on la révi-
era ; on fera mieux encore : on la traitera
omme les Francs traitaient leurs rois chevelus
dont ils n'étaient pas contents : on la rasera.

Le Maréchal sait bien que le parti de l'Empire est le seul disposé à respecter ses droits
et à se souvenir de ses services. Est-ce que le
Prince Impérial n'est pas assez jeune pour

attendre ; est-ce qu'il est pressé de régner? Du moment que la France aura fait connaître sa volonté, le présent et l'avenir seront assurés, et le Maréchal pourra garder le pouvoir tant qu'il lui plaira, sans compromettre aucun des grands intérêts du pays.

En serait-il de même si l'un quelconque des autres partis triomphait? Les légitimistes n'ont-ils pas déjà fait comprendre au Maréchal qu'il ne pourrait pas *faire attendre le Roi?* Les orléanistes auraient-ils rien de plus pressé que de lui dire, comme ils ont dit à Charles X : *Ote-toi de là que je m'y mette!* Quant aux radicaux, prions Dieu que le vainqueur de la Commune ne tombe jamais dans leurs mains.

****

Mais pourquoi nous préoccuper de ce qui peut arriver après la lutte ? Une seule chose nous importe aujourd'hui, c'est de nous préparer à en sortir vainqueurs.

Nous n'avons pas un instant à perdre, et si nous laissons passer l'occasion, qui sait quand elle se représentera ?

Nos ennemis sont prêts, comme l'étaient leurs amis les Prussiens avant la guerre. Ne recommençons pas la faute de céder à leurs clameurs et de nous présenter au combat sans avoir, sous la main, tous nos bataillons au complet. Un échec, ou seulement un succès douteux nous écarterait pour de longues années. La France, fatiguée, mécontente de n'avoir pas trouvé dans le parti de l'Empire l'énergie sur laquelle elle comptait, peut se jeter dans les bras du premier *sauveur* qui se présentera. Là est l'unique chance de l'orléanisme, et il n'hésitera pas à la saisir.

*
* *

« Soldats de l'appel au peuple, manquerions-nous de courage ou de constance? » Nous avons, pour exciter notre ardeur, deux puissants stimulants : le souvenir d'un passé glorieux et prospère qu'il s'agit de ressusciter, et le devoir de préserver la France des nouvelles calamités que le triomphe du radicalisme déchaînerait sur elle.

Serrons-nous donc autour du drapeau national, sans autres armes que nos bulletins

de vote, et, de nouveau, « la victoire mar-
chera au pas de charge, et l'aigle impériale
volera, de clocher en clocher, jusqu'aux
tours de Notre-Dame, » chassant devant elle
cette nuée de corbeaux et de vautours orléa-
no-démagogiques « qui n'oseront pas soutenir ses regards. »

Exsurge, Domine, et dissipentur inimici.

Lève-toi, peuple souverain, et tes ennemis
disparaîtront.

Amen !

FIN.

3276. — Paris. — Imp. Ch. Noblet, 18, rue Soufflot.

TABLE DES MATIÈRES

BROCHURES DE M. PERRON